EXPOSITION UNIVERSELLE DE 1867
A PARIS

RAPPORTS DU JURY INTERNATIONAL

PUBLIÉS SOUS LA DIRECTION

DE M. MICHEL CHEVALIER

CARTES

TOPOGRAPHIQUES, HYDROGRAPHIQUES ET GÉOGRAPHIQUES

PLANS EN RELIEF

PAR

M. LE COLONEL FERRI PISANI

PARIS

IMPRIMERIE ET LIBRAIRIE ADMINISTRATIVES DE PAUL DUPONT

15, RUE DE GRENELLE SAINT-HONORÉ, 45

1867

CARTES

TOPOGRAPHIQUES, HYDROGRAPHIQUES ET GÉOGRAPHIQUES

PLANS EN RELIEF

—

Nous diviserons notre travail en cinq chapitres correspondant : le premier à la topographie ; — le deuxième à l'hydrographie ; — le troisième à la géographie proprement dite ; — le quatrième aux nouveaux procédés matériels de reproduction appliqués ou applicables aux cartes, procédés de galvanoplastie, de photographie et d'hélioglyphie. — Dans le cinquième chapitre nous avons placé les plans en relief.

CHAPITRE I.

TOPOGRAPHIE.

Au point de vue purement cartographique, on est convenu d'appeler *cartes topographiques* les cartes dont l'échelle est égale ou inférieure à $\frac{1}{100,000}$; mais au point de vue du mode de production, les *œuvres topographiques* se distinguent des autres *œuvres cartographiques* par une particularité sur laquelle on ne saurait trop insister, quand il s'agit d'une exposition industrielle. Le fait général qui caractérise ce genre de travaux, c'est que, dans l'ancien comme dans le nouveau monde, ils ont été en quelque sorte monopolisés par les gouvernements et qu'ils font partie des services publics.

Chaque État possède une institution chargée de lever le plan de son territoire, et d'en publier la carte. Presque partout ces institutions sont organisées militairement et ont pour ingénieurs des officiers de l'armée. Tels sont, en France, le Dépôt de la Guerre, en Angleterre, l'*Ordnance Survey*, en Autriche, l'Institut impérial royal de géographie militaire, et les établissements analogues de Prusse, de Russie, de Suisse, de Belgique, d'Italie, des Pays-Bas, des États secondaires de l'Allemagne, etc.

Il n'y a aucune uniformité quant aux échelles adoptées. La France publie sa carte *topographique* au $\frac{1}{80,000}$ et sa carte *générale* au $\frac{1}{320,000}$; la carte *topographique* de la Prusse est au $\frac{1}{80,000}$ pour la partie occidentale du royaume et au $\frac{1}{100,000}$ pour la partie orientale, celle de la Suisse au $\frac{1}{100,000}$, celle de la Belgique au $\frac{1}{40,000}$, celle de l'Angleterre au $\frac{1}{63,360}$. La Russie a adopté $\frac{1}{126,000}$ pour l'échelle de sa carte *spéciale*, et $\frac{1}{420,000}$ pour celle de sa carte *générale*. En Autriche les cartes *spéciales* sont au $\frac{1}{144,000}$, et les cartes *générales* au $\frac{1}{28,000}$ et au $\frac{1}{576,000}$.

La conception méthodique de ces grands travaux est tellement récente qu'il n'y a que les petits États de l'Europe qui les aient entièrement terminés. La Suisse vient d'achever la publication de sa carte. Il manque encore 40 feuilles à la carte de France qui en comptera 274 et dont la première date de 1833. Les trois quarts des feuilles au $\frac{1}{320,000}$ ont paru. L'*Ordnance Survey* n'a encore publié qu'une très-petite partie du territoire des possessions britanniques à l'échelle de $\frac{1}{63,360}$. La Russie paraît ajourner l'établissement de sa carte au $\frac{1}{126,000}$, et se contente pour le moment de poursuivre la publication de celle au $\frac{1}{420,000}$.

Il est intéressant d'examiner jusqu'à quel point les méthodes graphiques se ressemblent chez les différents peuples.

En ce qui concerne la planimétrie, le type conventionnel peut être regardé comme fixé. Ce type est celui de la Carte de France adopté, sans modifications sensibles, par les établissements étrangers.

C'est dans l'orographie que les variétés se produisent. La principale consiste dans l'opposition du système des courbes et de celui des hachures. La Belgique et le Danemark ont adopté le premier. On a donc, à l'Exposition de 1867, les éléments suffisants pour comparer les deux méthodes, sur la valeur relative desquelles beaucoup de discussions se sont élevées dans ces dernières années, le système des hachures étant le système classique, celui des courbes le système révolutionnaire, s'il est permis de se servir de cette expression.

Tout le monde connaît les principes sur lesquels ils reposent l'un et l'autre et ce qui les distingue. On peut dire d'une manière générale qu'avec le système des hachures le dessinateur se propose de représenter les ondulations du terrain, en les *ombrant*, à peu près de la même manière que l'on emploie pour faire *tourner* les objets dans le dessin perspectif au moyen du crayon ou de l'estompe. Le système des courbes, au contraire, a pour caractère principal de donner le moyen de reconstituer le terrain par des mesures géométriques. Les hachures sont faites pour l'œil, et jusqu'à un certain point échappent à la convention puisqu'elles sont destinées à représenter la nature telle qu'on la verrait à vol d'oiseau. Les courbes sont des lignes complétement conventionnelles, et constituent un canevas mathématique sur lequel les reliefs ne ressortent pas à première vue, mais seulement après une certaine opération abstraite de l'esprit. L'opposition, toutefois, n'est pas aussi tranchée que nous la présentons ici pour la caractériser. Par le fait, les hachures s'appuient sur un tracé de courbes équidistantes, tracé qui fait partie du travail minute ; il est décalqué sur le cuivre et la pierre et ne disparaît que lorsqu'il a guidé tout le travail du dessinateur et du graveur. On le retrouve parfaitement dans les cartes bien faites, les tranches de hachures marquant l'écartement variable des courbes équidistantes. Sur une feuille de la Carte de France, on peut tracer ces dernières lignes à main levée et avec une sûreté parfaite. C'est avec elles, et à l'aide des cotes de niveau dont la multiplicité, l'exactitude et la bonne disposition donnent à cette carte sa principale supériorité sur toutes les autres, qu'on retrouve tous les détails de l'orographie, après que l'œil en a perçu, au moyen des hachures, une première notion pittoresque et d'ensemble.

D'un autre côté, le système des courbes n'est pas entièrement dépourvu d'effet pittoresque. Dans les pentes douces, elles s'écartent ; dans les pentes rapides, elles se rapprochent, et produisent ainsi une sorte de dégradation lumineuse, moins sensible et moins continue que celle des hachures, mais qui n'en embrasse pas moins la gamme complète des teintes, depuis le noir absolu de l'encre jusqu'au blanc du papier.

L'Exposition de 1867 a mis en présence les résultats des deux systèmes : d'un côté les beaux spécimens des Cartes du Dépôt de la Guerre français, de l'*Ordnance Survey*, du Bureau topographique de Berne ; de l'autre les feuilles du Dépôt de la Guerre belge et de l'État-major danois. La comparaison peut d'autant mieux se faire que ces deux dernières publications sont extrêmement remarquables sous le rapport de l'art du dessinateur et de celui du graveur. La Carte belge est au $\frac{1}{40,000}$ et sur pierre, la Carte danoise au $\frac{1}{80,000}$ et sur cuivre. L'équidistance est de 5 mètres dans la première, et de 3$^\mathrm{m}$138 dans la seconde.

Les hommes spéciaux et autorisés, chargés de la direction des travaux topographiques des divers États, n'ont pas attendu le concours de l'Exposition universelle, et n'en ont pas eu besoin pour se faire une conviction sur le mérite relatif des deux systèmes ; aussi notre jugement n'a-t-il d'autre prétention que de rendre l'impression du public sur cet élément particulier des œuvres en question, qui s'adresse simplement à son œil et à son goût. Il nous semble impossible que cette impression, à première vue, soit favorable aux courbes, dans les conditions du moins où le Danemark et la Belgique les ont employées. Leurs cartes, quelque belles et soignées qu'elles soient, ont l'air de cartes non terminées. Le terrain ne ressort nullement. Il faut un véritable travail pour le reconstruire. Ce n'est qu'après avoir suivi de l'œil et du doigt les courbes dans une certaine étendue qu'on se rend bien compte des mouvements qu'elles expriment, et, en somme, la notion qui s'en dégage est plutôt une notion abstraite qu'une notion sensible.

Il est vrai que la Belgique est un pays de plateaux médiocrement ondulés, et que le Danemark est un pays presque plat. Les courbes produisent plus d'effet quand elles sont rapprochées et multipliées, c'est-à-dire quand elles expriment des pentes hautes et rapides, que lorsqu'elles sont rares et espacées, c'est-à-dire quand elles représentent de faibles reliefs. Dans le premier cas, on peut, sur les dessins à la main, les rehausser de teintes de lavis, et l'on obtient alors des reliefs très-remarquables, comme l'exposition du Dépôt de la Guerre français en renferme un exemple. Encore dans les pays de montagnes se présente-t-il un très-grave inconvénient, si les pentes atteignent une certaine raideur. Il y a des compromis avec les hachures pour les talus escarpés, il n'y en a pas avec les courbes ; à moins de verticalité absolue, il faut qu'elles suivent leur chemin sans interruption et sans se confondre les unes avec les autres. Or, à l'échelle de $\frac{1}{40,000}$ et avec l'équidistance de 5 mètres, bases adoptées pour la Carte belge, les pentes à 45 degrés exigeraient que les courbes se rapprochassent les unes des autres, à raison de 8 dans l'épaisseur d'un millimètre. Ce serait le noir absolu.

Si le système des hachures paraît devoir conserver son antique suprématie, il ne faut pas croire que le dernier mot ait été dit quant à la meilleure manière de l'appliquer. Il y en a deux, par le fait : l'une plus ancienne et remontant à l'enfance de l'art de la cartographie, l'autre plus moderne, adoptée par le Dépôt de la Guerre, comme un grand progrès, pour l'établissement de la Carte de France. L'ancienne méthode, ramenée à des règles plus précises et appliquée avec un art infini, vient de reparaître dans le beau travail de la Carte de Suisse, dressée sous la direction du général Dufour. Le système adopté pour la Carte de France est de celui de la *lumière verticale* d'une manière absolue; le système adopté pour la Carte de Suisse est celui de la *lumière oblique*, en ce qui concerne les parties montagneuses du moins ; car il y a mélange des deux procédés, la topographie des plaines étant rendue au moyen de la lumière verticale.

Nous regrettons d'être obligés d'entrer à ce sujet dans quelques détails techniques ; mais ils sont indispensables, si l'on veut donner quelque intérêt aux questions de cette nature.

Les hachures ont pour but, avons-nous dit, de figurer les pentes du terrain par des oppositions d'ombre et de lumière. Il y a donc lieu d'examiner en quoi consiste le jeu de la lumière sur le terrain, afin d'en reproduire les effets le plus fidèlement possible. Et d'abord, on réduit à deux les hypothèses que l'on peut faire sur la direction des rayons lumineux par rapport à la surface du sol : ou bien on suppose qu'ils tombent sous une inclinaison de 45 degrés et dans la direction du nord-ouest au sud-est, ou bien on les suppose tombant verticalement.

Les effets produits par les rayons obliques sont très-sensibles, mais très-compliqués. Ainsi une montagne formée par une arête aigue et par deux pentes opposées, si elle court perpendiculairement à la projection des rayons, reçoit sur un de ses versants la lumière presque normalement, c'est-à-dire avec son maximum d'intensité, tandis que l'autre n'est que très-faiblement éclairé par des rayons presque rasants. Le dessinateur trouvera donc une grande ressource dans cette vive opposition naturelle, s'il la rend, au moyen des hachures, par une opposition également vive des parties claires et des parties obscures de son dessin. Avec un peu d'art, il lui sera très-aisé de donner de la saillie à son terrain, de même qu'il est plus facile, pour un artiste, de *faire tourner* une figure éclairée de côté qu'une figure en pleine lumière. Mais à côté de ces avantages il y a de grands inconvénients. La variété infinie des directions des pentes par rapport aux rayons incidents, compliquant encore celle de leurs inclinaisons sur l'horizon, rend impossible l'adoption d'une gamme de teintes uniforme, mathématique, correspondant à ces inclinaisons. La méthode de la lumière oblique est une méthode d'à peu près, livrée presque entièrement au goût individuel du dessinateur, et qui devient très-périlleuse dans le raccordement des travaux exécutés par des mains différentes. Elle n'a rien de géométrique, et ne répond pas à l'une des conditions principales d'une bonne carte topographique, qui est de donner le sentiment précis de l'inclinaison de chaque pente, et même le moyen de la calculer, par la seule combinaison de la grosseur et de l'écartement des hachures.

§ 1. — Carte de France.

C'est de ce dernier problème que la Carte de France présente la solution à peu près complète. La méthode, comme nous l'avons dit, consiste à supposer la lumière verticale et à prendre pour base réglementaire de tout le travail un tableau de hachures de grosseur et d'écartement variables, appelé *diapason*, dressé en regard de la série des inclinaisons.

Il y a une relation géométrique très-simple entre la quantité de lumière qu'un faisceau vertical de rayons répand sur l'unité de surface d'un plan incliné, et celle que ce même faisceau répand sur l'unité de surface d'un plan horizontal. Ce rapport est égal au cosinus de l'angle d'inclinaison. Si l'on fondait le *diapason* sur cette loi, voici comme on devrait l'établir : on conviendrait de prendre le blanc du papier pour représenter l'éclat du plan horizontal, et pour chaque inclinaison on combinerait l'écartement et la grosseur des hachures, de telle sorte que le rapport de la surface blanche à la surface totale, blanche et noire, fût toujours égal au cosinus.

Un tel diapason pourrait être appelé le diapason naturel, puisqu'il produirait sur la carte des ombres d'intensités proportionnelles aux dégradations de la lumière sur les pentes. mais, dans la pratique, on a dû renoncer à l'adopter. Il permettrait à peine de distinguer les unes des autres les petites pentes et les pentes moyennes, celles de 0 à 30 degrés, et ne ferait ressortir à l'œil que les différences des pentes comprises entre 30 et 90 degrés. Or, ce sont les premières qui sont précisément les plus communes et les seules qu'il est intéressant de bien apprécier : car, au delà de 30 degrés, on entre dans la catégorie des pentes abruptes, des escarpements, en un mot, des terrains dont il importe peu de différencier les divers degrés d'impraticabilité.

Il a donc fallu avoir recours à un autre diapason, tout aussi géométrique que le premier, mais qui n'est pas basé sur la proportionnalité naturelle. Nous nous dispenserons d'expliquer la relation mathématique également fort simple que l'on a choisie, nous contentant de faire observer que la dégradation naturelle d'une lumière verticale étant une hypothèse abstraite, qui ne se réalise jamais pour l'œil de l'observateur, il n'y a aucun intérêt à la transporter avec toute sa rigueur dans la représentation graphique du terrain. L'essentiel, c'est qu'à chaque pente corresponde un système de hachures déterminé qui donne le sentiment de l'inclinaison par l'intensité de l'ombre, et qui permette, en outre, de retrouver géométriquement cette inclinaison, soit en consultant le diapason, soit en recourant au calcul sur lequel il est fondé.

Voilà le grand principe qui a présidé à l'établissement de

la Carte de France, principe tout à fait conforme au génie scientifique et rigoureux qui a marqué de son sceau les œuvres de ce pays, à partir du commencement du XIXe siècle.

Il est permis d'apprécier les résultats pratiques de la méthode, aujourd'hui que le travail de la Carte de France est presque entièrement achevé et qu'il comprend toutes les différentes natures de terrain que la topographie est appelée à exprimer.

Pour les régions qui ne sont pas, à proprement parler, des régions de montagnes, c'est-à-dire pour plus des dix-neuf vingtièmes du territoire français, le diapason a donné des résultats d'une perfection absolue. L'École des ingénieurs, dessinateurs et graveurs du Dépôt de la Guerre, formée depuis longues années par la pratique de cette règle et de cette tradition sévère et soutenue, est parvenue à une uniformité d'exécution, une sûreté d'effets et une clarté de dessin qui n'ont pas été égalées.

Quant aux terrains montueux, le diapason a conduit à des difficultés dont les artistes du Dépôt ne triomphent qu'en partie, malgré des prodiges d'habileté dans l'exécution. En général, les pentes rapides sont trop noires. Les détails de la planimétrie, les villages, les bois, les écritures, se détachent imparfaitement sur le fond serré des hachures. Il semble que ces masses d'une obscurité compacte auraient besoin d'être éclaircies par quelques effets de lumière oblique. Dans les cas extrêmes, on s'aperçoit que le dessinateur y a eu recours, mais timidement et sans oser se permettre ces hardiesses de *clair-obscur* qui, dans la Carte du général Dufour, font jouer les rayons solaires sur les pentes abruptes et les pics des Alpes.

Ces défauts seraient à peine remarqués dans toute autre publication que celle de la Carte de France, tant leur nuance est légère, tant leur caractère est exceptionnel. Nous ne les signalons qu'à cause de la supériorité classique de ce grand travail.

Le général Blondel, sous la haute direction de qui est placé le Dépôt de la Guerre, ne se dissimule pas ces difficultés; mais il pense, avec raison, qu'elles ne sont pas de nature à justifier une modification de la méthode pour les feuilles qui restent à publier. Dans quelques années, la Carte de France aura paru tout entière; ce sera une œuvre d'une unité parfaite. Alors seulement on pourra songer à introduire certaines dérogations aux principes primitifs, et quelques améliorations reconnues nécessaires dans les nouveaux travaux que l'on entreprendra; car la topographie d'un pays comme la France, où la main de l'homme transforme sans cesse l'aspect du sol, ne saurait être immobilisée dans le cadre invariable d'une publication unique. Elle doit se développer en une série de travaux correspondant aux changements de la surface terrestre, comme aux progrès de l'art et des procédés matériels.

Déjà l'on peut prévoir un grand perfectionnement qui ne tardera pas à s'introduire dans cette branche de la cartographie : nous voulons parler de la polychromie. Les nouveaux procédés d'impressions rendent aujourd'hui possible, même pour les publications de l'importance de la Carte de France, l'emploi des couleurs. Naguère il eût entraîné de grandes difficultés et beaucoup de dépenses; et peut-être, au lieu d'éclaircir les cartes, n'aurait-on réussi qu'à gâter leur style sévère et en quelque sorte classique. Nous pensons qu'il y a d'heureuses innovations à faire dans ce sens. Nul doute que dans les œuvres topographiques que la prochaine génération adaptera à ses exigences et à ses goûts, on ne fasse figurer certains détails, comme les eaux, les constructions, les bois, les hachures sous des couleurs variées, empruntées à la nature et destinées à imiter ses effets.

§ 2. — Cartes étrangères.

Il ne nous reste plus qu'à passer en revue les principales publications topographiques exposées au Champ-de-Mars.

Nous avons parlé de la Carte de la Suisse, et nous avons dit sur quel principe son orographie a été établie. Le résultat est saisissant; on dirait d'un plan en relief. La planimétrie a d'ailleurs été ménagée avec un art extrême sous le rapport de l'élégance et de la clarté. Ce travail fait beaucoup d'honneur aux ingénieurs formés et dirigés par le général Dufour. Le caractère personnel qu'il a imprimé à ce travail a motivé une exception à la règle de mise hors concours appliquée, en général, aux grandes œuvres nationales. Une haute récompense a été décernée à la Carte de la Suisse.

L'*Ordnance Survey* a exposé plusieurs feuilles de la Carte de la Grande-Bretagne au $\frac{1}{63,360}$. C'est une publication digne du pays qui l'a entreprise et du savant qui la dirige, le colonel sir H. James. On a adopté pour cette Carte le principe de la lumière zénithale, mais, croyons-nous, avec moins de rigueur scrupuleuse qu'on ne l'a fait pour la Carte de France. Il n'y a encore qu'un très-petit nombre de feuilles qui aient paru.

De toutes les écoles de gravure, c'est l'École autrichienne qui nous a paru la plus habile. Comme exécution matérielle, les Cartes exposées par l'Institut impérial-royal de Géographie sont magnifiques. La gravure en est d'une finesse et d'une netteté hors ligne. Il faut dire aussi que les échelles des Cartes autrichiennes sur cuivre sont très-petites. Il n'y a que celles de la Haute-Autriche et de l'ancien royaume Lombard-Vénitien qui aient été établies au $\frac{1}{80,000}$. Pour les autres provinces de l'Empire on a adopté le $\frac{1}{144,000}$, et le $\frac{1}{288,000}$. Or les difficultés de méthode, tant pour l'orographie que pour la planimétrie, dont nous avons essayé de donner une idée, et qui ont tant d'importance dans les cartes à grand point, s'amoindrissent et disparaissent même tout à fait, à mesure que les échelles diminuent. L'art du dessinateur et celui du graveur appliqués à une carte *corographique* sont bien plus libres que quand ils s'exercent sur une carte *topographique*, où pas un détail ne doit être omis, où tous doivent être rendus avec une exactitude mathématique.

Le Bureau topographique du royaume des Pays-Bas, dirigé par le colonel Besier, a exposé les résultats d'une tentative très-intéressante faite dans le sens de la polychromie. Le procédé consiste à tirer toutes les couleurs de trois pierres, rouge, bleu, jaune, par impressions simples ou superposées, et toutes les dégradations de nuances au moyen du travail d'une *machine à griser*, de nouvelle invention. Il y a en outre une pierre pour les hachures, couleur sépia, et une autre pour les lettres qui y sont reportées par un procédé particulier aussi ingénieux qu'expéditif. Enfin la méthode est complétée par une application de l'héliographie ou transport sur pierre du dessin qui doit guider le graveur. Cette opération se fait sur toutes les pierres au moyen d'un seul cliché, ce qui assure l'exactitude rigoureuse du repérage.

Tout ce travail, au premier abord, paraît fort compliqué ; toutefois il procure une économie considérable de temps et par conséquent d'argent. Ce n'est donc pas sur le procédé en lui-même que nous aurions à faire une critique, ce serait plutôt sur le résultat artistique qui, jusqu'à un certain point, en est indépendant. Il nous semble que les auteurs des Cartes hollandaises ont trop multiplié les couleurs, et qu'ayant à leur disposition un bon procédé pour faire de la polychromie, ils s'en sont trop servis. Il y a excès de travail, et cette marqueterie de teintes multipliées convient plutôt à une carte géologique détaillée qu'à une carte topographique. La condition essentielle d'une carte topographique polychrome est de ne présenter à l'œil qu'un petit nombre de couleurs, naturelles autant que possible, comme le bleu des eaux, le rouge des maisons, le vert des forêts, afin que la vue reconnaisse immédiatement ces objets, sans avoir besoin de recourir à un tableau des teintes conventionnelles. Il n'en est pas moins vrai que la méthode hollandaise est très-digne d'attention, puisque l'on peut toujours régler et restreindre son emploi à volonté.

CHAPITRE II.

HYDROGRAPHIE.

L'hydrographie est principalement représentée à l'Exposition universelle par les Cartes de l'Amirauté anglaise, par celles du Dépôt de la Marine de France, et du Bureau Hydrographique des États-Unis.

§ 1. — Cartes de l'Angleterre.

Les publications anglaises tiennent naturellement le premier rang parmi celles des nations maritimes. L'Amirauté doit sa supériorité hydrographique aux ressources considérables que l'État met à sa disposition pour les sondages et les levés de côtes exécutées dans toutes les parties du monde. Elle entretient constamment armés de douze à quatorze bâtiments uniquement affectés à ce service. Le personnel hydrographique se compose d'officiers de la Marine royale et du corps des Masters qui se vouent exclusivement à ce genre de travaux. Leurs levés précèdent souvent, sur les côtes nouvelles, l'établissement des colonies, de manière à permettre un choix raisonné des stations maritimes susceptibles d'être occupées. C'est ce qui a eu lieu notamment pour les îles Vancouver et pour les côtes nord de la Nouvelle-Hollande. On fait ainsi des mers entières, méthodiquement et sans désemparer. Le budget de l'Amirauté pour l'établissement et la publication des Cartes est à la hauteur de ses moyens maritimes, de sorte que l'on peut dire qu'elle en fournit au monde entier.

D'ailleurs l'utilité pratique de ses travaux hydrographiques et leur variété l'ont toujours beaucoup plus préoccupée que la valeur artistique de ses publications. Sur les Cartes anglaises, la topographie des côtes est souvent un peu négligée ; elles ne rendent qu'imparfaitement le relief et l'aspect des terres, notions indispensables pour les atterrages. C'est peut-être à ces défauts, compensés par d'immenses services rendus à la navigation, qu'il faut attribuer la concurrence que font avec succès à l'Amirauté plusieurs maisons considérables d'Angleterre. La marine commerciale trouve sur les Cartes qu'elles éditent des renseignements et des dispositions matérielles appropriés à ses besoins, et que les Cartes du gouvernement ne lui présentent pas toujours.

§ 2. — Cartes françaises.

Pendant longtemps, le Dépôt de la Marine, en France, a suivi des errements contrastant, jusqu'à un certain point, avec ceux de l'Amirauté anglaise. Tous les efforts, toutes les ressources de cet établissement étaient concentrés sur un petit nombre de publications se rapportant presque exclusivement aux travaux hydrographiques de la Marine nationale, et qu'on éditait avec une admirable perfection de dessin et de gravure. Une école d'artistes très-distingués s'était formée sous la direction de M. Beautemps-Beaupré, et elle a produit les plus belles œuvres hydrographiques que l'on connaisse, sous le rapport de l'élégance et de l'expression topographique, du fini de la gravure et du goût artistique des vues pittoresques. Telle est, par exemple, la collection du *Pilote français*, en 200 feuilles. Mais ces traditions sacrifiaient trop l'utilité pratique. Le luxe des Cartes aurait fini par couvrir une véritable indigence de documents hydrographiques. En effet, comme on tenait à honneur de ne pas copier les Cartes étrangères, on était réduit à ne publier que les travaux des ingénieurs hydrographes français. Or, l'insuffisance et l'irrégularité des armements maritimes, mis à leur disposition, condamnaient le Dépôt de la Marine à une stérilité relative. Le développement des côtes que la Marine française a pu lever directement est bien faible, en comparaison de celui qu'ont embrassé les armements hydrographiques de l'Angleterre. Dans la catégorie des grands travaux, et depuis l'hydrographie du littoral de la France (*Pilote français*), il n'y a eu de fait que la côte sud de la France, par M. Begat; la côte d'Italie, et les îles du nord de la Sicile, par M. Darondeau; le détroit de Gibraltar, par MM. Dumoulin et Philippe Kerhallet; la Corse, par M. de Hell, la Martinique, par M. de Givry. Enfin, dans ces derniers temps, M. Mouchez a levé les côtes du Brésil; MM. Bouquet de la Grye et Chambeyron ont fait une partie de la Nouvelle-Calédonie; plusieurs ingénieurs hydrographes ont relevé les côtes de la Cochinchine et principalement l'intérieur des Aroyos. Ces travaux, qui ont un mérite d'exécution et d'exactitude qui n'est dépassé chez aucune autre nation maritime, ne sont pas le résultat d'un plan méthodiquement poursuivi. Le Département de la Marine utilise, pour augmenter le fonds du Dépôt, les occasions des stations maritimes, l'aptitude et la bonne volonté des officiers, qui souvent commencent d'eux-mêmes le travail. Somme toute, les Cartes exclusivement françaises sont loin de pouvoir suffire à elles seules aux besoins de la marine de guerre et de la marine de commerce.

Il a fallu entrer dans une voie plus large. Depuis un certain nombre d'années, le Dépôt emprunte, sur une vaste échelle, les éléments de ses publications aux travaux hydrographiques des étrangers et principalement des Anglais. L'amiral Pâris, qui le dirige, s'efforce, en même temps, d'introduire les procédés expéditifs et économiques, concurremment avec les méthodes anciennes de l'école de M. Beautemps-Beaupré, méthodes qui produisaient des chefs-d'œuvre, mais lentement et à grands frais. C'est ainsi que la gravure sur pierre fonctionne, au Dépôt, à côté de la gravure sur cuivre, et qu'avec un budget très-modeste, 420,000 francs par an, on est parvenu à y réunir un total de 1,850 planches de cuivre et de 250 pierres en service.

Il ne faut pas croire, toutefois, que les traditions artistiques de cet établissement, pour s'être modifiées par suite de la disparition de la génération des anciens dessinateurs, aient perdu tout leur éclat. A l'heure qu'il est, les simples cartes sur pierre, exécutées au Dépôt d'après les cartes anglaises, ont une supériorité marquée sur les modèles gravés sur cuivre. Plusieurs feuilles des dernières publications françaises sont exposées au Palais du Champ-de-Mars. Il est impossible de pousser plus loin l'élégance du dessin et la beauté de la gravure. L'orographie est rendue, sur ces cartes remarquables, par des effets de lumière oblique ; procédé indispensable pour ce genre de travail, puisque, avant tout, sur une carte marine, il faut que la topographie des côtes se détache nettement et en saillie, pour l'œil du navigateur.

§ 3. — Cartes des États-Unis.

La Marine américaine n'a pas encore entrepris de travaux topographiques au delà des côtes des États-Unis. Mais ses ingénieurs les relèvent avec un soin remarquable, sous la direction du capitaine Bache, chef du Bureau hydrographique. L'exposition américaine présente plusieurs spécimens de ce beau travail. La gravure en est extrêmement soignée, peut-être un peu trop fine pour l'usage.

CHAPITRE III.

GÉOGRAPHIE.

Avec les publications géographiques, nous entrons dans le domaine de l'industrie privée. Trouvant une base toute préparée dans les travaux astronomiques, géodésiques et topographiques dont les gouvernements font les frais considérables, elle a pu fonder des établissements, qui, sous toutes les formes, et pour tous les besoins, depuis ceux de l'enseignement élémentaire jusqu'à ceux de la science la plus élevée, éditent des Cartes à petit point *corographiques*, quand l'échelle est comprise entre $\frac{1}{100,000}$ et $\frac{1}{500,000}$, *géographiques* quand l'échelle est représentée par un nombre inférieur à ce dernier.

On peut, comme une sorte d'avenir idéal, imaginer une époque où la surface terrestre tout entière aura été couverte d'une triangulation géodésique et levée topographiquement. Si jamais la prise de possession des contrées actuellement inhabitées ou barbares par les nations civilisées est assez complète pour amener ce résultat, la géographie se trouvera singulièrement simplifiée. Elle se réduira alors à l'industrie d'approprier aux divers besoins sociaux des réductions variées de cartes topographiques, à l'art d'une belle exécution et à la recherche de procédés de vulgarisation économiques. Jusqu'à un certain point, la géographie cessera alors d'être une science. Dans l'état actuel des choses, elle doit encore conserver ce dernier caractère à un degré éminent. En effet, on voit combien les éléments géométriques que lui fournissent la géodésie et la topographie régulières sont encore restreints. Ils n'existent que fort incomplètement pour l'Europe, et le travail est à peine ébauché dans les régions de l'Amérique, de l'Asie, de l'Afrique et de l'Océanie, qu'occupe, à l'état d'établissements nationaux ou coloniaux, la race européenne. Somme toute, ces conquêtes sont relativement minimes. Une immense portion, et incomparablement la plus grande de la surface terrestre, n'a été l'objet d'aucun travail topographique, ni géodésique, ni même astronomique. Elle n'est connue, dans ses traits les plus généraux, que par des itinéraires isolés, par des relevés de côtes, par des observations de voyage incomplètes ou sommaires, par renseignements vagues, par inductions. C'est là que sont les vraies difficultés de la géographie, celles dont il est honorable de triompher. Se tenir au courant de toutes les découvertes, en correspondance avec toutes les sociétés géographiques, et même avec les voyageurs isolés, leur indiquer des itinéraires et des problèmes à résoudre, coordonner tous les renseignements, les compléter les uns par les autres, combler les lacunes, raccorder les parties connues avec les parties inconnues, enfin présenter au public une série non interrompue de travaux, sans cesse perfectionnés et en progrès constant, tel est le rôle du géographe, dans le sens scientifique. Nous insistons sur ce point pour faire comprendre la hiérarchie qui s'établit naturellement entre les établissements géographiques dont les produits figurent à l'Exposition. Il s'en faut toutefois que le Jury ait été indifférent aux mérites d'un autre genre, qu'il a pu reconnaître chez un grand nombre de concurrents. La beauté de l'exécution, le choix intelligent des appropriations spéciales, le bon marché, sont des avantages très-importants en fait de publications géographiques; ce sont même ceux qui frappent le plus facilement les yeux du public dans une exposition, et la part faite à la supériorité scientifique, le Jury en a largement tenu compte.

C'est l'alliance féconde de l'industrie et de la science qu'il a voulu honorer en M. Juste Perthes, de Gotha, et M. Pétermann, directeur scientifique de la maison de M. Juste Perthes. Cet établissement cartographique est un des premiers de l'Europe, pour l'importance des affaires et celle des publications, et à cause des tendances élevées qui le caractérisent. Il répond parfaitement à l'un des besoins les plus impérieux du peuple allemand, animé, jusque dans ses classes inférieures, du désir de savoir et du goût des choses de l'esprit. Les plus belles publications de M. Juste Perthes sont dues au savant géographe, M. Berghaus, auteur de l'Atlas de l'Asie, de la Carte des passages des Alpes, etc. Les Cartes de M. Juste Perthes sont très-exactes, très-minutieuses et surchargées de détails. Très-souvent la loupe est nécessaire pour les bien distinguer. La publication des *Annales mensuelles de géographie*, rédigées par M. Pétermann, est l'un des titres de M. Juste Perthes à l'estime du monde savant. Non-seulement ce recueil enregistre et discute, avec un soin et une érudition remarquables, tous les progrès de la science géographique, mais il contient des cartes d'une beauté d'exécution que l'on rencontre bien rarement dans les publications périodiques.

Cette maison a pour rivale la maison de M. Dietrich Reimer, de Berlin. Comme la première édite les œuvres de M. Berghaus, la seconde édite celles de M. Kiepert. C'est de lui que sont le magnifique Atlas de toutes les parties du monde, en 45 feuilles, et la Carte, dite topographique, de l'Asie-Mineure, à l'échelle de $\frac{1}{1,500,000}$ œuvre de géographe, d'archéologue et de voya-geur tout à la fois. C'est aussi M. Dietrich Reimer qui a édité les cartes des isothermes, pour le grand ouvrage de M. Dove, sur la distribution de la chaleur à la surface terrestre. Une très-belle collection de globes terrestres et célestes figure à l'exposition de cette maison. Le globe terrestre, de 80 centimètres, imprimé en couleur, a été dressé par M. Kiepert. L'exécution en est très-remarquable. M. Reimer livre les exemplaires simples de ce beau globe au prix de 270 francs.

La maison Andriveau-Goujon, de Paris, peut être considérée comme représentant l'industrie cartographique française. Elle fait de très-louables efforts pour maintenir sa publication à une hauteur digne du pays. Malheureusement, elle n'est pas suffisamment encouragée et soutenue par le goût du public pour les belles cartes et les œuvres scientifiques. Les atlas, cartes et globes qu'édite cette maison en très-grand nombre, et sous toutes les formes, sont remarquables par les qualités qui distinguent la cartographie française, ou plutôt le goût général de la nation en toutes choses. Tout y est net, clair, et d'une apparente simplicité qui séduit l'œil. En opposition avec les cartes allemandes, on pourrait dire que les cartes fran-çaises manquent un peu de fond, tandis que les premières re-butent souvent le lecteur par l'excès de la recherche et la confusion d'une richesse mal à propos prodiguée. Une des dernières publications d'Andriveau-Goujon est une carte de l'Empire Français au $\frac{1}{1,068,375}$ sur acier, comprenant le bassin du Rhin et la région des Alpes occidentales. Ce travail nous a paru réunir dans une juste mesure les deux conditions dont l'alliance est si difficile, clarté et abondance suffisantes de détails.

M. Édouard Stanford, de Londres, un des premiers éditeurs d'Angleterre pour la cartographie de luxe, a une exposition importante et très-soignée. La plupart de ses grandes cartes, enroulées sur des appareils mécaniques très-ingénieux et très-confortables, dans le goût anglais, se rapportent au territoire même de la Grande-Bretagne. On y reconnaît une habile appropriation des ressources variées de la cartographie aux exigences particulières et pratique de la vie anglaise, plus encore, peut-être, qu'une préoccupation générale dans le sens de l'art et de la science. Les cartes anglaises, dans leurs dispositions matérielles et dans leur mode d'expression, portent le cachet du caractère national aussi manifestement que les cartes françaises et allemandes celui du génie propre à chacun de ces deux pays. Au milieu des riches publications de M. Stanford, nous avons remarqué avec beaucoup d'intérêt une très-jolie carte du voyage du docteur Baker aux sources du Nil, avec les deux grands lacs, Victoria et Albert.

L'exposition prussienne présente un travail *corographique* d'une grande importance. C'est la Carte au $\frac{1}{200,000}$ de l'Europe centrale, connue sous le nom de *Reymann's Karte*. Commencée par Reymann, elle est devenue la propriété de l'éditeur Flemming, de Glogau, qui en poursuit l'exécution. Sur 405 feuilles, dont se composera l'Atlas complet, plus de 300 ont déjà paru. C'est une réduction à une échelle uniforme des cartes topographiques officielles de différents pays qu'embrasse la publication. L'exactitude et la multiplicité des détails en font le principal mérite. Mais cette multiplicité même nuit à l'effet du dessin et de la gravure qui sont pourtant très-soignés. Les auteurs de la Carte, à la manière allemande, n'ont rien voulu sacrifier de ce qu'ils trouvaient sur leurs modèles à grand point. C'est comme une réduction photographique. On reconnaît même dans cette Carte les différentes manières qui

caractérisent les travaux des états-majors français, prus
siens, etc.

Le Dépôt de la Guerre français a exposé, à côté des spécimens de sa Carte *topographique* au $\frac{1}{80,000}$, une feuille de sa
Carte *générale* ou *corographique* au $\frac{1}{320,000}$. Elle est sur
cuivre.

Les trois quarts environ des feuilles ont déjà paru. Indépen-
damment de l'exécution matérielle, la difficulté et le mérite
d'une carte de cette nature consistent dans la *composition*,
c'est-à-dire dans le choix des détails pris sur les cartes à
grand point, et dont les uns doivent être rejetés et les autres
conservés. L'École du Dépôt de la Guerre n'a pas d'égale au
monde pour les qualités qu'exige une pareille opération : le
sens critique, la méthode et le goût. Sous ce rapport sa Carte
générale est parfaite.

En 1866, le besoin s'est fait sentir d'étendre cette publication au $\frac{1}{320,000}$ au delà des limites du territoire français,
et d'avoir à cette échelle un travail complet sur l'Europe
jusqu'à la Vistule. Il aurait fallu l'attendre plus de dix ans et
y consacrer des sommes considérables si on avait voulu l'établir sur les mêmes bases que celles de la Carte générale de
France, c'est-à-dire sur cuivre. M. le général Blondel a conçu
le plan d'une carte expéditive et économique, dont l'exposition du Dépôt présente un spécimen. C'est M. le capitaine de
Milly qui fait les réductions photographiques pour les dessinateurs du Dépôt. M. Erhard Schièble grave la carte sur pierre,
et M. Lemercier l'imprime. Elle est à trois couleurs : noir,
bleu et sépia pour le travail orographique. L'orographie n'est
pas rendue par des hachures, mais par des teintes dégradées.
Comme ces teintes sont obtenues au moyen de l'estompe et du
crayon lithographique, il n'y a que les deux premières pierres
qui soient *gravées*. L'orographie ainsi exprimée est d'un effet
saisissant dans son ensemble, mais dans le détail et de près
elle laisse à désirer. Le travail de l'estompe rendu par le grain
de la pierre a évidemment moins de ressource comme vigueur

et comme finesse que le lavis à la main. C'est là une imperfec-
tion qui n'est imputable qu'à celle des procédés lithographi-
ques actuels. Cette Carte n'en remplit pas moins, avec un succès complet, le but que s'est proposé le général Blondel, exécution rapide, bon marché et clarté parfaite. Nous insistons
sur ce dernier mérite, parce qu'il est étonnant à quel point
l'aptitude à lire sur une carte à grande échelle est peu répan-
due, même parmi les personnes qui devraient en avoir l'habi-
tude.

Il est très-intéressant de comparer le genre de cette carte
avec celui de la Carte générale du Dépôt de la Guerre, également au $\frac{1}{320,000}$. Nous croyons que pour les usages de la
guerre et des voyages, le premier serait préféré à cause de sa
polychromie, et du soin donné à son orographie, qui se distingue d'une manière parfaite, comme couleur et comme dessin,
de la planimétrie. Et cependant la Carte générale de la
France est d'une exécution et d'un mérite artistiques infiniment
supérieurs à ceux de la Carte expéditive de l'Europe.

L'Institut impérial autrichien a aussi exposé une Carte de
l'Europe sur pierre, mais à très-petit point au $\frac{1}{2,592,000}$, à
quatre couleurs, l'orographie rendue par des hachures, nuance
sépia. Elle est l'œuvre de M. Joseph Scheda, chef de section
à l'Institut. Comme carte géographique générale, la carte de
M. Scheda est une des plus belles et des plus commodes qui
aient été publiées.

M. Bertrand, représentant la commission instituée par
l'Empereur pour l'établissement de la Carte des Gaules, a
exposé la carte muette, exclusivement orographique et hydrographique, qui sert de base à ce travail archéologique.
Elle est au $\frac{1}{800,000}$, sur pierre, à trois couleurs, gravée
par Erhard Schièble, avec le système des hachures. C'est
une œuvre d'une élégance et d'une expression très-remarquables.

L'exposition de M. Lanée, de Paris, renferme quelques
bonnes cartes, entre autres celle dont M. Chatelain est

l'auteur. C'est une carte des voies de communication établies dans le monde entier, au moyen de la vapeur et de l'électricité. Le travail est fait avec une extrême conscience. Les indications spéciales relatives aux communications n'en font pas le seul mérite. M. Chatelain a établi lui-même sa carte des différentes parties du globe. C'est une des plus exactes et des plus détaillées qu'il y ait dans ce format.

M. Sagansan, de Paris, a exposé trois belles cartes d'Europe, d'Allemagne et d'Italie. Cette dernière, à grande échelle, est une publication d'une réelle importance.

M. Silbermann, déjà connu par l'Exposition de Londres de 1862, a exposé quatre calottes sphériques, dans la concavité desquelles sont représentées différentes parties du globe. Voici en quoi consistent l'idée et les procédés de M. Silbermann, intéressants par leur caractère ingénieux et original et par l'extrême conscience avec laquelle ils sont appliqués. Il a construit une sphère en cuivre de 32 centimètres de diamètre, sur laquelle il a gravé la géographie du globe, par des moyens d'une précision géométrique tout à fait nouvelle. Cette sphère lui sert de type et de matrice, et il en tire par la galvanoplastie des calottes sphériques de même rayon, mais de dimensions variables, au moyen desquelles il imprime telle ou telle partie de la surface terrestre. L'impression se fait au moyen d'une machine particulière, et sur un papier fabriqué exprès sur forme sphérique. Tel est le système de M Silbermann. On voit que les calottes sphériques sont des portions d'un globe terrestre imprimé sur sa surface concave, ou, si l'on veut, des cartes à surface sphérique, et ne présentant plus par conséquent la déformation inhérente aux cartes planes. Il est certain que par ce procédé on peut multiplier les épreuves hémisphériques beaucoup plus facilement que l'on ne construit les différents exemplaires d'un globe terrestre ordinaire. Mais c'est l'établissement de la sphère type qui doit être une opération dispendieuse et délicate. Celle qu'a construite M. Silbermann est gravée avec beaucoup de soin ;

l'orographie, qui y tient une place très-importante, est représentée par une gravure au pointillé d'une extrême finesse.

L'exposition de l'établissement topographique de MM. Wurter et Randegger, de Winterthur (Suisse), est à la hauteur de sa réputation et de son importance commerciale.

L'Académie des sciences de Stokholm a envoyé un fort beau travail de mémoires et cartes sur le Spitzberg.

La Commission géologique du Canada a exposé des cartes dont l'appréciation appartient à un autre rapport. Nous ne les signalons qu'au point de vue de l'œuvre topographique sur laquelle elle sont établies, et qui témoigne, par la manière dont elle est traitée, de l'importance qu'on attache, dans ce pays, aux travaux géologiques.

Nous terminerons cette revue sommaire en signalant l'ouvrage de M. Martin de Moussy, sur la République Argentine. Ce travail comprend une description en trois volumes et un Atlas au $\frac{1}{2,000,000}$ de l'immense territoire de la Confédération, y compris la Patagonie. C'est une encyclopédie complète de toutes les connaissances géographiques, statistiques, géologiques, historiques que l'on possède sur la partie méridionale de l'Amérique du Sud. L'Atlas comprendra 30 feuilles dont 26 ont déjà paru. Elles sont gravées à Paris par Kautz et imprimés par Lemercier. Cet ouvrage est le fruit de vingt ans d'étude, de recherches et de voyages. Il fait honneur à son auteur et au Gouvernement de la Confédération qui lui a donné les moyens de l'exécuter.

CHAPITRE IV.

NOUVEAUX PROCÉDÉS DE REPRODUCTION APPLICABLES AUX CARTES : GALVANOPLASTIE, PHOTOGRAPHIE, HÉLIOGLYPHIE.

Nous nous proposons de dire quelques mots sur l'état actuel des procédés matériels qui ont pour but la reproduction des cartes, c'est-à-dire de faire passer le dessin-minute dans le domaine de la publicité, par l'impression et la multiplication des exemplaires.

Nous ne parlerons pas des procédés fondamentaux : gravure sur métal, gravure sur pierre, autographie et reports sur pierre, etc. Les perfectionnements qu'ils ont reçus et qu'ils reçoivent chaque jour tiennent aux progrès de l'habileté individuelle chez les artistes et les artisans, à des tours de main ingénieux, introduits dans les ateliers, beaucoup plus qu'à des inventions nouvelles proprement dites. C'est ainsi que dans le cours de la publication de la Carte de France, il s'est produit une différence appréciable, sous le rapport de la beauté de la gravure, entre les premières feuilles et les dernières; que la gravure sur pierre, procédé naguère encore très-imparfait, donne aujourd'hui des résultats peu inférieurs à ceux de la gravure sur métal, qu'enfin, à l'aide de la lithographie polychromique, on parvient à des effets très-satisfaisants de précision et d'élégance.

Nous nous proposons seulement ici d'appeler l'attention sur les procédés auxiliaires de la cartographie, empruntés à des découvertes qui ne datent guère que d'un quart de siècle et qui se rapportent à deux phénomènes d'ordre différent : les phénomènes *galvanoplastiques* d'une part, de l'autre les phénomènes *héliographiques; l'héliographie* se divisant elle-même en *photographie* et en *hélioglyphie* ou gravure directe par l'action de la lumière.

§ 1. — Galvanoplastie.

La galvanoplastie (1) est employée : 1° pour conserver les planches de cuivre; 2° pour les reproduire; 3° pour les corriger. Après une période de tâtonnements et d'essais plus ou moins réussis, l'industrie cartographique est aujourd'hui en possession complète de ces trois procédés galvanoplastiques.

(1) V. le Rapport de M. Paul Boiteau (Classe 6, et celui de M. Ballard (Cl. 8).

On conserve les planches et on les préserve indéfiniment de l'usure des tirages, en les *aciérant*, c'est-à-dire en recouvrant leur surface, au moyen de l'action galvanique, d'une couche de fer, dont l'épaisseur insensible n'enlève rien à la finesse des traits. Quand, par suite des tirages, la couche de fer est usée et que le cuivre reparaît, on renouvelle l'aciérage.

On *reproduit* les planches par le procédé fondamental et ordinaire de la galvanoplastie, au moyen de deux dépôts successifs, l'un sur la planche-matrice, ce qui donne une planche en relief, le second sur la planche en relief, ce qui donne la reproduction de la planche-matrice. On voit figurer à chacune des expositions du Dépôt de la Guerre français et de l'*Ordnance Survey*, un groupe de spécimens topographiques, composé de trois planches et de deux épreuves, l'une tirée sur la planche-matrice, l'autre tirée sur la planche reproduite. Il n'y a pas de différence réellement appréciable entre les deux feuilles.

On corrige les planches gravées d'après deux méthodes galvanoplastiques différentes.

La première méthode consiste à obtenir, par la galvanoplastie et d'après la planche destinée à la correction, une planche en relief, et à effacer sur celle-ci les traits à reprendre, ce qui se fait très-facilement et par un simple grattage, puisque ces traits sont en saillie. Sur une troisième planche, obtenue galvanoplastiquement d'après la seconde, les parties corrigées viennent en surface plane ; on les grave à nouveau par les procédés ordinaires, et c'est alors cette planche qui sert au tirage des exemplaires modifiés.

Dans la seconde méthode, c'est sur la planche défectueuse elle-même que se font les corrections, et c'est elle qui sert encore pour le nouveau tirage. A cet effet, par les procédés de *réserves* galvanoplastiques, on accumule en bourrelets ou mamelons le dépôt métallique sur les traits qui doivent disparaître. On est parvenu à donner à ces dépôts une adhérence telle qu'il suffit de les niveler pour faire reparaître, à leur place, la surface plane de la planche, telle qu'elle était avant la gravure. Il ne reste plus qu'à reprendre le travail au burin.

Le Dépôt de la Guerre a exposé deux planches comme spécimens de ces deux méthodes. La première est celle de l'atelier de galvanoplastie, qui fonctionne depuis dix ans avec succès, sous la direction de M. le capitaine Beaux. La seconde, la plus récente, est pratiquée par M. Georges, chef de section pour la gravure.

Avant ces procédés galvanoplastiques, la correction des cuivres, au moyen du martelage, était une opération longue, dispendieuse et remplie d'imperfections.

§ 2. — Photographie.

Les applications de la photographie à l'industrie cartographique sont très-nombreuses, et varient beaucoup suivant les habitudes de travail des divers établissements topographiques et hydrographiques, car c'est principalement pour les travaux de ce genre que la photographie est un auxiliaire précieux.

En thèse générale, il y a trois éléments dans la série des opérations topographiques : la levée sur le terrain, qui produit les minutes ; le dessin fait sur les minutes et qui donne le travail livré au graveur; enfin l'opération même de la gravure. C'est dans le travail intermédiaire, celui du dessin, que la photographie intervient le plus directement, puisqu'il a pour base la réduction des minutes, de l'échelle des levés à l'échelle de la carte. Cette longue opération se faisait autrefois au moyen du *pantographe*. La photographie l'exécute avec autant de rapidité que d'exactitude. Au Dépôt de la Guerre, M. le général Blondel a eu beaucoup de peine à détrôner l'antique royauté du pantographe, tant les anciens procédés sont difficiles à remplacer dans les établissements fondés sur des traditions d'école.

M. le capitaine de Milly, chef de l'atelier photographique du

Dépôt, fait aujourd'hui fonctionner ses appareils avec une ré-gularité mathématique qui défie les influences variables du temps. Il peut agrandir huit fois une carte, et, avec une am-plification au double, il couvre une glace d'un mètre de long sur 75 centimètres de large. Pour les feuilles nouvellement levées, que le général Blondel fait publier maintenant à l'état provisoire (pierre et orographie estompée), en attendant la gravure sur cuivre, M. de Milly substitue presque complète-ment la photographie au dessin. Il assemble et réduit les mi-nutes, en ayant soin de donner aux hachures un ton très-pâle. Le dessinateur n'a plus qu'à les renforcer par des teintes de lavis, en harmonisant les manières plus ou moins discordantes dont l'orographie de la feuille est exprimée, travail indispen-sable, puisque les minutes sont de différentes mains. La feuille ainsi préparée est donnée au graveur sur pierre, qui rend par le crayon ou par le procédé de l'estompe lithographique les teintes de lavis.

La plupart des établissements photographiques étrangers se servent, avec plus ou moins de succès, de méthodes photogra phiques analogues à celles du Dépôt de la Guerre, que nous avons citées comme exemple. L'*Ordnance Survey* fait un grand emploi de la photographie. La Russie a fait construire, comme annexe du Bureau topographique, un établissement considé-rable, exclusivement approprié pour les travaux photogra-phiques. Le modèle de cette construction figure dans l'expo-sition russe.

La photographie multipliant à volonté les épreuves sur papier d'une carte minute ou originale, d'après un cliché, il est naturel de se demander si ce mode de multiplication des exemplaires ne pourrait pas servir directement de base aux publications industrielles. Jusqu'à présent, sous le rapport de l'économie et de la rapidité, la photographie a été incapable de lutter même avec la gravure sur métal, quoiqu'il faille qua-tre ou cinq ans pour graver sur cuivre une feuille de la gran-deur de celles de la Carte de France. L'écart entre les résultats pratiques est même très-considérable. On comprend toutefois que c'est le nombre des exemplaires à tirer qui fait toute la question. Il est clair qu'une carte étant donnée, si l'on ne veut la reproduire qu'à un très-petit nombre d'exemplaires, il est infiniment plus simple et plus rapide de les demander à la photographie qu'à la gravure. Nous répondons ainsi d'avance à une question qui peut être soulevée à l'occasion de l'exposition Wurtembergeoise. La Carte topographique de ce pays est sur pierre et au $\frac{1}{50,000}$, très-bien faite d'ailleurs.

Le Bureau topographique a fait établir des réductions photographiques de ses feuilles au $\frac{1}{125,000}$, ce qui a donné une collection de cartes de très-petites dimensions, d'une finesse de travail extrême et comprenant sous une forme élégante et commode toute la topographie du royaume. Cette collection figure à l'Exposition comme publication commerciale, et coûte un prix qui ne s'éloigne pas beaucoup de ceux de la gravure ordinaire. Nous pensons qu'une pareille *édition photographique* n'a de réalité commerciale qu'à la condition que la demande sera excessivement restreinte. Nous laissons ici de côté la question de la détérioration par le temps des épreuves photographiques.

§ 3. — Hélioglyphie.

L'hélioglyphie a pour objet de faire pénétrer, par le seul effet de la lumière, l'empreinte d'un dessin, sur la surface d'une planche de métal ou d'une pierre, enduite d'une subtance sensible aux rayons lumineux, de sorte qu'il n'y ait plus qu'à attaquer le métal ou la pierre par un mordant, pour y graver le dessin. En général, le dessin que l'on applique est celui d'un cliché photographique sur verre.

Les procédés sont très-variés. Le plus ingénieux est celui de M. Baldus, qui, au moyen d'une épreuve photographique sur papier de l'objet à graver, et à l'aide de procédés hélioglyphiques et galvanoplastiques combinés, obtient à volonté une planche de cuivre gravée en creux ou une planche gravée en relief, susceptible d'être imprimée typographiquement.

Ces procédés, s'ils étaient appliqués à la cartographie, réduiraient prodigieusement le travail de la gravure comme les procédés photographiques simplifient, dans une proportion considérable, le travail du dessinateur. D'autre part, il est incontestable que l'on rencontre partout et en grand nombre des œuvres hélioglyphiques d'une réussite parfaite. Elles abondent à l'exposition de la classe 9, sous des formes très-diverses et sous les noms de plusieurs opérateurs. MM. Amand-Durand, Placet, Pinel-Peschardière traitent hélioglyphiquement le cuivre avec un plein succès ; il en est de même de MM. Simoneau et Toovey pour la pierre. M. Baldus, que nous avons cité, refait l'œuvre de Marc-Antoine. On peut dire que la reproduction hélioglyphique du *dessin au trait* n'offre plus de difficultés. Il n'en restait que pour la gravure hélioglyphique des photographies prises sur nature, et de celles-là même M. Garnier en a triomphé, comme le prouve son éclatant succès à l'Exposition.

Pourquoi la cartographie est-elle si lente à s'approprier ces procédés? probablement pour les mêmes raisons qui ont entravé, jusqu'à ce jour, l'essor industriel de l'hélioglyphie dans le domaine de la gravure artistique : irrégularité dans les effets obtenus, sans qu'il soit possible d'en préciser les causes ; nécessité d'un sévère triage des produits pour ne présenter au public que des spécimens réussis. Il faut croire que ces ingénieux procédés vont entrer seulement d'aujourd'hui dans cette phase du perfectionnement des inventions nouvelles, qui est celle de la sûreté absolue des résultats. Sans cette sûreté et cette régularité dans la production, il n'y a pas de combinaison industrielle et commerciale possible.

L'exposition cartographique de 1867 n'est pas riche en essais hélioglyphiques. La Belgique a exposé des planchettes-minutes au $\frac{1}{20,000}$ de sa carte topographique, reproduites directement sur pierre par la photographie. L'Imprimerie royale prussienne a envoyé une petite planche en cuivre gravée hélioglyphiquement d'après un morceau de la Carte de France au $\frac{1}{800,000}$, amplifiée au $\frac{1}{400,000}$ par la photographie. Le résultat, considéré en lui-même et isolément, ne laisse rien à désirer.

L'hélioglyphie cartographique n'est pas encore constituée industriellement. C'est là pourtant qu'est l'avenir. Nous ne doutons pas que la prochaine Exposition ne manifeste un progrès accompli dans cette voie.

CHAPITRE V.

PLANS EN RELIEF.

Il y a plus de vingt ans que M. Bardin a attiré l'attention du monde savant par sa méthode pour l'établissement des plans en relief, et par les résultats remarquables qu'il a su en tirer. La Commission impériale avait mis à sa disposition, pour l'Exposition universelle de 1857, un emplacement destiné à une construction isolée où l'ensemble de sa collection aurait trouvé place. Des raisons purement personnelles ayant empêché cette combinaison, M. Bardin a mieux aimé renoncer à son exposition que de la disperser dans différentes galeries du Palais-Central. Il a seulement envoyé dans la salle française de la classe 13 un plan-relief des buttes Chaumont et une photographie de celui de la chaîne des Puys (Monts-Dôme), afin que son nom prît au moins place parmi ceux des exposants. Quant à sa collection, il a pu la placer tout entière dans une des salles de la galerie Vauban, aux Invalides, où le Jury et le public ont été admis à la visiter.

On connaît la méthode de M. Bardin; elle consiste dans la superposition de cartons ayant une épaisseur égale à l'équidistance des courbes de la Carte de France et découpés suivant ces mêmes courbes. C'est la forme qui lui sert pour le moulage de ses plâtres. On sait aussi qu'il a adopté pour principe celui de l'égalité entre l'échelle verticale et l'échelle horizontale, de sorte que dans ses plans, aucune convention n'altère la forme réelle du terrain. Cette méthode, quelque ingénieuse et exacte qu'elle soit, n'a produit les œuvres remarquables de M. Bardin que grâce à l'immense travail de détail et aux soins minutieux auxquels il s'est livré pour l'appliquer. La beauté, l'exactitude, l'expression de ses plans en relief ont suivi une progression croissante et très-sensible depuis ses premiers essais. Cette progression est surtout évidente dans la principale de ses séries, qui comprend les six groupes fondamentaux de l'orographie française : les Hautes-Vosges, l'Auvergne, le Jura, les Alpes-Dauphinoises, les Hautes-Pyrénées et le mont Blanc. L'échelle de ses plans est au $\frac{1}{40,000}$ c'est-à-dire qu'ils ont été construits d'après les planchettes-minutes de la Carte de France. La topographie officielle ne donne que le squelette de la construction. Ce sont les travaux particuliers poursuivis sur le terrain même soit par M. Bardin, soit par ses collaborateurs, qui lui permettent de donner à la surface de ses plâtres ce fini d'exécution qui en fait de véritables œuvres d'art.

Le plan des Alpes-Dauphinoises, un des derniers de M. Bardin, est admirable d'élégance; les eaux. les routes, les constructions, les forêts sont rendues au moyen des couleurs conventionnelles empruntées à la topographie, avec une netteté et un goût que l'on ne retrouve que dans les plus belles cartes. Mais c'est le mont Blanc qui est le chef-d'œuvre de M. Bardin. Ce plan, établi dans ses proportions géométriques d'après le travail-minute du capitaine Mieulet, a reçu son cachet artistique à la suite d'une longue exploration du massif du mont Blanc exécutée en 1866, par M. Bardin, le capitaine d'état-major Rouby, M. Calmelet, dessinateur du Dépôt de la Guerre, M. Colas, sculpteur, et plusieurs artistes qui s'étaient joints volontairement à eux. Il faut avoir vu ce travail, qui vient d'être achevé, pour se rendre compte de ce que peut exprimer une surface gypseuse sculptée avec cette finesse et ce goût. L'œil reconnaît immédiatement les différentes natures du sol, les terrains rocheux, ou cultivés ou pierreux, la glace et la neige. Jusqu'aux plissements des couches géologiques refoulées et repliées les unes sur les autres par les soulèvements, tous les moindres grains de l'épiderme terrestre sont exprimés dans leur plus extrême délicatesse.

L'œuvre de M. Bardin est susceptible d'une reproduction industrielle au moyen de moulages peu dispendieux, eu égard à l'importance du travail. Un certain nombre d'établissements publics possèdent des plans de M. Bardin, destinés, soit à l'enseignement, soit à des usages spéciaux. En dehors de ces débouchés d'utilité pratique, et de l'intérêt que les différents ministères, notamment celui de la Guerre, portent à M. Bardin, ancien élève et professeur de l'École Polytechnique, ce savant dévoué mériterait de trouver parmi le public le succès et les encouragements qui s'attachent aux œuvres d'un mérite artistique et scientifique hors ligne.

M. Louis Clos a exposé un plan-relief en plâtre du département du Jura au $\frac{1}{40,000}$. Le département ainsi réduit présentera, avec ses amorces, une surface de 3 mètres sur 2. La moitié seulement du travail est exécutée et exposée. L'échelle des hauteurs est double de l'échelle des distances horizontales.

Ce plan a été entrepris au moyen d'une subvention du conseil général du département du Jura. Les exemplaires tirés sur le moule original coûteront : le département entier, 600 francs; chaque canton, 45 francs. Nous ne saurions trop louer l'initiative prise par le conseil général, et les conditions économiques de l'entreprise. Si cet exemple était suivi, toutes les parties montagneuses de la France seraient exécutées en relief, et les plans locaux seraient popularisés et répandus dans les communes et chez les particuliers.

La méthode choisie par M. Louis Clos lui a été commandée

par la nécessité d'une exécution rapide, économique et pourtant exacte. Les courbes de niveau prises sur le travail-minute de la Carte de France étant décalquées sur le plâtre, M. Louis Clos le creuse au moyen d'un petit foret d'horloger et de rabots appropriés dont les tiges, divisées en quart de millimètre, fonctionnent sur une règle inflexible courant sur le cadre. Ce procédé est, comme on voit, tout à fait différent de celui de M. Bardin, et peut d'ailleurs, s'il est exécuté avec le soin convenable, conduire à de bons résultats. Ce que nous regrettons, c'est que M. Clos se soit cru forcé d'adopter l'échelle double des hauteurs verticales. On a ainsi des reliefs déformés, non pas pour l'œil, car, par un effet d'optique connu, un peu d'exagération dans les hauteurs d'un relief rend peut-être mieux l'aspect pittoresque du terrain que la proportion naturelle, mais pour les études géométriques et précises.

C'est là, du reste, l'écueil et la difficulté de ces sortes de représentations topographiques. Il n'y a que les pays de hautes montagnes qu'elles puissent reproduire d'une manière réellement satisfaisante. Quand les reliefs d'un pays s'abaissent au-dessous d'une certaine limite, ceux de la surface réduite qui leur correspondent, deviennent presque insensibles et l'impression qu'ils produisent n'est plus en rapport avec les effets naturels.

La *Compagnie pour le percement de l'Isthme de Suez* a exposé un plan en relief de dimensions considérables, représentant une partie de la Basse-Égypte, celle qui renferme le développement des travaux pour la jonction des deux mers. Les auteurs de ce travail n'ont pas prétendu à la rigueur et à l'exactitude géométriques. Ils ont voulu seulement produire une œuvre *à effet*. Ils ont atteint ce résultat au moyen de couleurs vives et naturelles, et d'une accentuation pittoresque donnée non-seulement aux légers accidents d'un pays presque plat, mais aux déblais et remblais provenant des terrassements du canal. Cette exposition, destinée à faire comprendre aux masses l'état et les progrès des travaux de la Compagnie et tout le système de l'entreprise, a parfaitement réussi par l'intérêt populaire qu'elle a excité.

M. Schrœder, de Paris, a exposé, dans une des constructions élevées par le vice-roi d'Égypte, un plan en relief comprenant la Basse et la Moyenne Égypte. Pas plus que le plan de l'Isthme, dont il égale, du reste, l'étendue considérable et l'effet pittoresque, le travail de M. Schrœder ne réunit les conditions essentielles d'une représentation géométrique, conditions qui sont d'ailleurs particulièrement inconciliables avec la nature de la vallée du Nil. C'est une carte d'énormes dimensions, très-habilement coloriée. Nous avons pu constater nous-même, en recueillant les impressions de la foule qui se pressait autour de ce vaste plateau, la supériorité d'une composition ainsi conçue et exécutée, sur les meilleures cartes géographiques, pour faire comprendre aux masses populaires les traits principaux d'une région déterminée.

C'est à ce même point de vue que la France en relief, exposée par M. Sanis, de Paris, mérite d'être mentionnée.

M. Thomas Dickert, de Bonn (Prusse), déjà remarqué en 1855 pour son beau plan en relief du Vésuve, a exposé en 1867 un modèle en relief de l'Etna, d'après la carte du baron Sartorius de Waltershausen. L'échelle des hauteurs est égale à celle des distances horizontales, comme il convient à une œuvre de cette nature destinée aux études géologiques.

Paris. — Imprimerie Paul Dupont, rue Grenelle-Saint-Honoré, 45.